AF174406

LOS DEMONIOS DE LA MELANCOLÍA

Francisco Bejarano

LOS DEMONIOS DE LA MELANCOLÍA

Edición de Fernando Taboada

RENACIMIENTO
SEVILLA • MMXXV

© Francisco Bejarano
© Edición: Fernando Taboada
© 2025. Editorial Renacimiento

www.editorialrenacimiento.com
BUGANVILLA, I • 41907 VALENCINA DE LA CONCEPCIÓN (SEVILLA)
tel.: (+34) 955998232 • editorial@editorialrenacimiento.com

Fotografía: Miguel Ángel González

Diseño de cubierta: Marie-Christine del Castillo

DEPÓSITO LEGAL: SE 1255-2025 • ISBN: 979-13-87552-95-4
Impreso en España • Printed in Spain

LA BELLEZA Y SUS LABERINTOS

Lo normal en una antología poética, sobre todo si esa antología recorre más de medio siglo en la obra de un autor, es que se le noten algunas costuras y se marquen ciertas diferencias en las etapas por las que atraviesa el escritor, tanto en la forma de decir las cosas como en las propias cosas que dice. Con mayor o menor brusquedad, el estilo irá variando de unos libros a otros. Unas obsesiones irán sustituyendo a otras, según se le vaya complicando la vida al poeta, y lo más probable es que de aquellos versos primeros sobrevivan pocos ecos en las obras últimas y que, por los cambios que sufre la voz según se van cumpliendo libros, pueda incluso dar la impresión de que la antología no incluye a uno solo sino a varios autores distintos. Esto puede ocurrir con Cernuda y con Brines, con Verlaine y con Lorca. Pero mucho menos con Francisco Bejarano, cuya obra apenas ha sufrido vaivenes desde que empezó a publicar.

Ciertas constantes desde el principio marcaron unas líneas bastante claras en la carrera de Francisco Bejarano y cuando ha querido apartarse de ellas ha tenido que hacerlo desde otras disciplinas literarias como el ensayo o el artículo periodístico, reservando exclusivamente para la poesía sus obsesiones más hondas. En el conjunto de poemas que se recogen aquí los años van añadiendo paisajes y rostros, van sumando amores y desengaños, nombres y ciudades, para ir completando el retrato de un autor que vuelve siempre a la poesía con decepciones renovadas, pero que en esencia no hace otra cosa que reafirmarse en sus premisas juveniles, ofreciendo variaciones pero barajando muy pocas cartas: el desamparo y la soledad (o la compañía en todo caso de los propios demonios); la belleza y el precio tan alto que se paga por disfrutarla; los espejos y la casa; la luz, con sus inseparables sombras, y el tiempo, naturalmente: tanto el que pasa, pero vuelve repetido en ciclos y estaciones, como ese otro tiempo que, si nos deja, es para siempre.

Todas esas constantes vitales están ya presentes en su primer libro, *Transparencia indebida*, que Bejarano publicó cuando ya pasaba de los treinta años. Lo mejor de estrenarse con un primer libro a esas edades es que los riesgos de arrepentirse por haber aireado los pecados de juventud se reducen bastante. Francisco Bejarano, que nació en 1945 y no vio sus poemas impresos en un primer volumen hasta la década de los 70, se libró, por tanto, de que le pasara lo que a Borges y a otros tantos que tuvieron que renegar de las obras que sacaron con tanta prisa.

Además, al tomarse con calma su debut, tuvo tiempo de sobra para macerar todos aquellos versos que desde niño había ido memorizando (y que todavía hoy recita sin un solo titubeo) y que, de Campoamor a Rubén Darío, desde el Romancero hasta Lope de Vega, le fueron educando el oído antes de sentarse él mismo a escribir los suyos. Así pudo también hacer caso de los consejos que le dio Julio Mariscal, que tampoco fue autor de obra muy extensa, pero sí influyó notablemente en el joven Bejarano, recomendándole, por ejemplo, leer a Claudio Rodríguez, o descubriéndole a poetas menos populares, como José Luis Hidalgo. De hecho, la huella que le dejarán *Don de la ebriedad* y *Los muertos* todavía no se ha borrado.

Los resueltos endecasílabos de *Transparencia indebida*, la muñeca ligera que demuestra tener para el

9

verso de arte menor, sumados a una seguridad que le coloca a veces incluso al borde de lo sentencioso, dejan claro que había digerido con éxito las muchas lecturas que entretuvieron sus tardes en la viña donde se crio, en el pago de Macharnudo, que estaba cerca de su Jerez natal, pero a suficiente distancia como para disfrutar de unos cielos impresionantes, de unos vientos que soplaban con nombres diferentes, de unas tormentas operísticas y de noches de estrellas vedadas a los que vivían en la ciudad. Pero esas tardes también le sirvieron para advertir que, por más que brille el sol, antes o después llegan los nubarrones.

Porque en aquel libro primero se celebra la belleza de los cuerpos y el mar del verano, pero ya se advierte al lector para que no olvide que los nubarrones están al acecho, que no hay fiesta que no tenga un final triste y que habrá que pasar por caja por haberse asomado alguna vez a la felicidad.

En la galería de autorretratos que acaba siendo la obra de cualquier poeta, Bejarano se nos muestra unas veces con más disimulo y otras, sin tapar la afición que se tiene a sí mismo, recurriendo explícitamente a los espejos. En poemas como *Narciso* demuestra que ni siquiera ahí está el remedio, pues buscar compañía frente al espejo no hace más que recrudecer la soledad.

La belleza y el desconsuelo que lleva aparejado no le abandonarán ya nunca en los sucesivos libros, como no le abandonará ese viento del norte de la soledad, o el recurso habitual del campo y de los pájaros, ni la celebración de la rutina como lugar seguro y antídoto contra los sobresaltos. Como deja caer con algo de coquetería en el poema *Sous le ciel, sous la nuit*: «si sufro es solamente por costumbre».

De su segundo libro recogemos aquí poemas como *Las dulces ataduras*, que insiste en esa idea de las rutinas, tan necesarias aunque sea por el gusto de romperlas. Y se insiste en el mar y la belleza, en el cerco de la soledad, que desde el mismo título del libro, *Recinto Murado*, y a través de poemas como *En la casa vacía* deja pocas dudas sobre las querencias de Bejarano. Felipe Benítez Reyes, que le conocía bien en esa época, lo dejó claro: «Bejarano es un personaje con muchos laberintos que se ha resignado a no encontrar la salida porque en el fondo no sabría qué hacer fuera de ellos».

Los muros que rodean el recinto donde Bejarano se atrinchera protegen del enemigo pero sobre todo protegen de cualquier intento de escapar. El claustro, la torre de marfil, no son aquí mazmorras sino refugios confortables. La casa en la que vive hoy, en el casco histórico de Jerez, con un mirador que le ofrece espléndidas vistas del horizonte, le permite tener noticias del mundo que se extiende ahí fuera, pero sin tener que coger la puerta para salir a buscarlo. Un caso similar al de Joseph Conrad, que embarcaba a sus personajes en mil aventuras porque en el fondo odiaba viajar.

Otra de las notas características de la poesía de Francisco Bejarano, que se acentúa en esta segunda entrega, es la que le distingue de muchos de sus contemporáneos, que se afanaban en atiborrar los versos con todo lujo de extravagancias, a cual más exótica, de sofisticaciones pintorescas, góndolas y demás cacharrería decorativa. Frente a tanta pomposidad, él prefiere brindarnos una poesía nada aparatosa, que se vale de muy pocos ingredientes para decir mucho, haciéndolo además con la máxima intensidad.

Y si hay poca cacharrería en unos escenarios como los de estos poemas, donde no tienen cabida los fuegos de artificio, tampoco el verbo con el que se hacen carne necesita a un intérprete que los tenga que desentrañar. Cuando hasta el gran defensor de la «línea clara» —Luis Alberto de Cuenca— andaba por aquellas fechas todavía enredado en poéticas algo tortuosas, Francisco Bejarano, frente a cualquier tentación pedantesca de culturalismo, que era otro de los vicios frecuentes entre los poetas de su quinta, escribirá sus poemas con suficiente pureza como para que quien los lea no necesite cerca a un catedrático de hermenéutica que le tenga que ir explicando lo que allí se quiere decir. Por más vueltas que dé la vida y mucho que cambie el idioma, pasarán los siglos y estos versos necesitarán pocas notas a pie de página para entenderse. Las mismas que necesitan las coplas de Manrique o la obra de Pessoa.

En la línea de su paisano Rafael de Paula, que asegura que no se puede torear bien sin sentir fatiga, en los versos de *Recinto Murado* se acusa cierto desmayo y se vuelve a poner de relieve esa idea tan suya de que «la poesía tiene que ser fruto del desconsuelo, porque lo demás es palabrería». Para remacharlo, el libro se cierra con la rotundidad que solo admiten los filósofos más pesimistas: «No es posible vivir sin lamentarlo».

Pero si *Recinto Murado* acaba con una advertencia que a nadie extrañaría encontrar en un aforismo de Cioran, en el siguiente libro, *Las Tardes*, publicado en

13

1988 (es decir, siete años después) no habrá escarmiento para el autor y, a pesar de los estragos que provoca encontrarla, seguirá insistiendo en la búsqueda de esa belleza irrenunciable, de esos esplendores que la vida nos brinda, por más que lo acabe uno lamentando.

Empeñado en jugar continuamente con las luces, este aventajado director de fotografía que habría sido Francisco Bejarano si, en lugar de versos, hubiera hecho cine, nos vuelve a traer el sol radiante del verano, cuando «los amantes alumbran las orillas» pero también «la belleza turbia del eclipse». Para guiarnos por estos versos se encenderán farolas, como las que ofrecen su pálida luz a la *Ciudad* en la primera parte del libro. La luz, ya sea la de un sol débil al atardecer sobre las páginas de un libro, o la que se refleja en los adoquines tras la lluvia, o «la luz distinta cada día en las habitaciones de la casa», o las luces amarillas en la bocana del puerto, seguirán alumbrando los diversos estados de ánimo de quien pasea de nuevo en compañía de sus inseparables fantasmas a la caza y captura de la belleza, ya sea en crepúsculos o en cuerpos bronceados, a pleno sol o en callejuelas sin rumbo y muy de noche, pues *Las Tardes* no tienen por qué acabar a su debido tiempo.

Como Francisco Bejarano, en la medida que le ha sido posible, procuró esquivar a «esa ramera» (como gustaba llamar a la poesía su maestro y amigo Vicente Núñez), se salió con la suya y consiguió librarse durante catorce años del malestar que según él mismo le hace falta para sentarse a escribir versos. Pero en 2002 volvió a sucumbir y otra mala racha le puso en bandeja la oportunidad de publicar un cuarto libro de poesía. Sin más circunloquios lo tituló *El Regreso* y, además de romper un silencio como poeta que algunos habían interpretado como definitivo, demostró que estaba en plena forma y que le quedaba mucho que decir, aunque en el fondo no se tratase de nada nuevo. Sin embargo, en ninguno de los libros anteriores lo había dicho de forma tan redonda. Obsesionado por el ciclo de las estaciones, vuelven a aparecer aquí en sus versos los soles y las islas soñadas, pero como antesala siempre de otoños y de inviernos, con la compañía inevitable de unos fantasmas que son como de la familia: los mismos fantasmas que andaban ya por medio en *Transparencia indebida,* que no le abandonaron ni en *Recinto Murado* ni en *Las Tardes* y que ahí seguían agazapados tantos años después.

Y claro, gracias a este *Regreso*, vuelven el desconsuelo y la niebla, la *Vida retirada* y la *Noche oscura*, pero una vez más vuelven para dejar constancia de que son las secuelas de la luz y del placer, de una *joie de vivre* que solo es auténtica si hay algo más que jarana y ruido. Reaparecen los paraísos y la brisa veraniega, las cigüeñas y hasta florece algún almendro entre sus páginas, pero siempre para dejar constancia, como ocurrirá en su siguiente libro, *Contra el júbilo*, de que desolación y belleza tienen por fuerza que ir de la mano.

Este pesimismo, sin embargo, tiene sus privilegios. Quien no ha sabido ver el lado amable de la vida sin ver a la vez el lado oscuro juega con ventaja, puesto que, por esa misma incapacidad de separar la cara de la cruz, cuando se pretenda escribir exclusivamente sobre lo amargo de la existencia, se presentará sin avisar lo que es más adorable.

Le ha ocurrido a Bejarano mientras escribió *Contra el júbilo*. Si desde aquellos primeros poemas de *Transparencia indebida*, detrás de la belleza se presentaban por fuerza los nubarrones, cuando ha querido hablar únicamente de los nubarrones, la que ha irrumpido sonriendo a reclamar lo suyo es la belleza, que para eso habían sellado un pacto vitalicio.

Es la razón por la que, tal como iba rematando los poemas que justifican este alegato *Contra el júbilo*, fueron surgiendo en paralelo unos poemas luminosos que celebraban, faltaría más, la vida y el esplendor de la juventud. Pronto saldrán esos poemas en un nuevo libro, titulado *Muchachos*, del que aquí se adelantan algunos, y que sugieren que, si bien el tiempo corre, a veces lo hace en círculo y es capaz de traernos para acabar los mismos frescores que animaron los versos más antiguos, los que nos avisaban de que *El sur es una orilla con historia* porque, así brille un sol triunfante o esté el cielo encapotado, «los muchachos del sur son inmortales».

FERNANDO TABOADA

TRANSPARENCIA INDEBIDA

(1977)

ENCUENTRO

CADA tarde aparece surgido de lo oscuro
o de algún resplandor que desconozco.
Con sus ojos de humo pasa sobre las piedras.

Va hacia bosques y ríos. Su hermosura
huyendo va de alcobas solitarias
o de sucios desvanes sin espejos.

Busca manos y rostros. Busca cuerpos que existen
al frescor de los árboles.
Vagamente conoce; desde la soledad
todo fulgor es único.

Alcanzable y bellísimo
atraviesa el invierno y la ciudad en sombras.
Nunca podrá volver; pero su aliento
empaña los cristales.
Y su aroma.

LUZ INMACULADA

TODAVÍA tan lejos
y eres ya una aflicción en mi retina.

La tarde es clara. El resplandor salpica
sueños nocturnos que la luz apaga.
Dormir para volver. Huir de nuevo;
pero ¿quién pasará por tus dominios
sin un latido que el valor derrumbe?

Beso tu sombra que la tarde ofrece.
El día no termina. El beso muere.
Unos dicen ¿qué esperas?
La luz inmaculada
me ha hecho transparente donde estoy.

KING CRIMSON

ME he sentido pequeño de cara a la belleza
y te he visto de lejos sin asombro:
eras tú, mi amenaza,
mi sangre hundida en un azul clarísimo,
quien volaba indefenso entre las lámparas
sobre un puente ideal por mí tendido.

Yo, más pequeño a cada vuelo,
más subterráneo, más secreto o raíz,
indagando sospechas por tu boca
con mis ojos más claros, derrumbándose.

No, no se derrumban.
Apoyo la mejilla en la música y amo
o beso el rutilante cristal donde te escondes
y puedo desearte porque tú no lo sabes.

CUERPO EXTENDIDO

Visconti

HERMOSO era hasta el desconsuelo.
Yo sé de la tristeza que engendra un cuerpo hermoso;
es como desear el fondo de un espejo
y no pasar de su frontera helada.

Mirar un cuerpo en sueños
bajo luz sosegada o una creciente música
—toda materia y toda muerte juntas—
es arriesgarse a un desertar de nubes
o sangre coagulada
con íntimo clamor entre los labios.

Piel como piedra mágicamente viva.
Sangre como un inmóvil río de carmines.
Voz desde lejos. Boca
tras un cristal azul lleno de lluvia.

Cuerpo para decir «te amo»
con una voz tan triste que emocione.

SOUS LE CIEL, SOUS LA NUIT

De la misma manera que un aire turbador
ama y destruye, así tú me sostienes.
Es la tiniebla con un punto de luz o nieve pura,
una difícil puerta o un paso hacia el vacío.

Si ya no fuese tarde
yo te amaría también de esa manera.
Pero yo no sabría ser tiniebla,
nieve o agua-nieve nítidas sobre un fondo.

Te amo dentro de ti,
inmerso en ti te sacio y me alimento.
Si sufro es solamente por costumbre.

SÉ QUE VIVES

La tristeza de ver tanta hermosura
rompe mis venas sobre mi esqueleto.
A través de mi boca pasa un río
y un impuro paisaje lo conmueve.

Cada mañana vuelvo hasta tu forma
perdida en la mirada, hasta el reloj
que oprime bajo el techo o el nenúfar
presente siempre y lejos de mis ojos.

¿Cómo quedar sin ti sin más naufragio?
En mi cuerpo vacío está el invierno
y hasta en mi voz nocturna permanecen
una mar de nostalgia y sus espumas.

Evoco tu belleza. Sobre un fondo
azulado las encendidas venas.

¿Es la muerte otra vez? No, no es posible.
Están todas las luces encendidas.

EL SUR ES UNA ORILLA CON HISTORIA

TIENEN los ojos verdes en el sur,
los muchachos; la piel como alameda.
Tallo o cintura su sustento. Pasan
en muchedumbre, como bosques. Nunca
uno de ellos cruza sin notarse.
Sabido es que el corazón no es suyo;
del amor, sí, las alas. Temerosos
fructifican al sol por algún roce
de unas pupilas. Luchan o se abrazan,
alrededor espejos.

                     En verano
los muchachos del sur bajan al mar,
y al filo de la orilla
gritan dorados. Cálices paganos,
estatuillas oscuras cuando muestran
a contraluz la esbelta desnudez.

Si en las hamacas pace la lujuria,
ellos son brisa, risa
transparente, cúpulas los protegen,
invisibles del fuego.

                    Los muchachos
se besan, en el sur, bajo los árboles
suavísimas mejillas; acarician
su pelo virginal; nevados vientres,
delicadas cinturas ofreciendo.
Aman el día porque son el día.
Pero de noche, solos, en la luna
contemplan su desnudo.
¡Oh la tristeza entonces! ¡La tiniebla
enemiga de los adolescentes!
La soledad, en sábanas blanquísimas
hasta el alba, corrompe.

                    Pero el sur
tiene noches fugaces. Se dan cita
temprano los muchachos, en las plazas
las hogueras encienden de sus pechos,
bajo manos inquietas.

Pero no hablan de ello. Sí de música
siempre, del vértigo que pasa. Nunca
dicen el nombre del amor. Acaso
desconocen su eterna juventud:
siglos de soledades y deseos.
Los muchachos del sur son inmortales.

MAR CONSTANTE

Si otra vez vuelvo al mar,
rostros que amo y dulces cabelleras
pasearán su frescura al esplendor de mayo.
Arderán las orillas a lo lejos.
Lugar más puro existe en la memoria.

Riesgo antiguo es el mar. Desmoronada
luz al alcance y su gritar gozoso.
Anchura que no salvan los deseos.

La sangre romperá las cordilleras
en un último intento antes de ser vencida.

Pero rostros hieren,
cabelleras desatan vendavales de espuma
y toda imagen sólida fenece.

Apagados los brillos de la seda,
el mar sólo conserva los perfumes.

PRESENCIA

Aquí pongo fronteras a la muerte.
De pronto he comprendido que a mi sangre,
alado arroyo en piedras detenido,
súbitamente una llovizna colma.

Con humildad extiendo las palabras,
como si hoy el aire fuera un signo
de eternidad sobre mi frente alzado.

Removed esta tierra con urgencia.
Las entrañas del limo, las raíces
del girasol son mundos habitados.
Mirad el interior de sus fragmentos.

En mi lecho amarillo reconstruyo.
Mis labios en el sueño abren corolas.

Dormido escucharé tu voz perpetua,
que el lentísimo tiempo dulcifica.

Mi corazón es manso como el sueño.

REALIDAD OBSERVADA

«Todos los días pasan
y yo los reconozco».
FRANCISCO BRINES

POR mi ventana sé que existe el mundo,
otro mundo que pasa y suavemente amo,
no este mío de estatua,
bajo un aire o un fuego de congoja
levantado a la sombra de los años perdidos.

Tras los cristales llenos de soledad os miro,
rumores y deseos, desde el reposo tiemblo
porque me sé vencido. Un brillo poderoso
deja una bella imagen sobre el silencio intacto.

Pero ¿qué gesto ya? ¿qué otra amargura
poblaré de sonrisas? ¿qué clamores
me harían retornar hasta el primer encuentro?

No es volver. No se vuelve, se empieza
porque se desconoce. Una historia, si acaba,
enciende otro fulgor aún invisible.

Por eso cuando os miro pasar por otro mundo
sé que está entre vosotros un dolor venidero.

REALIDAD FINAL

MIRO atrás y no alcanzo. Es una tierra extinta.
Pasé por ella y sufro. No lo he sabido nunca.
Sentía que mi paso hundía pechos frágiles.
¡Absorto siento ahora cómo mi frente abrasa!

Desprevenido llego. ¡Oh terror de los páramos
donde seres oscuros lloran bajo la bóveda!
Y llueve, llueve siempre una arena infinita.
¡Oh que tristeza deja tanto placer perdido!

Entre tardes y otoños florecí. Todavía
entre tardes y otoños me hago milenario.
La noche me convoca. Los pájaros del tiempo
anidan en mi frente. Solamente agonizo.

Por un instante un cerco respiro de tinieblas.
Están ahí. La tarde recorta sus siluetas.

Amadas sombras muertas, figuras en reposo,
sé que estaréis conmigo como un sol invisible.

De todo prevalece la soledad. Soy el testigo
de la muerte sin fin y continúo ileso.
lamento haber guardado secretos algún día:
mi adolescencia era un hermoso secreto.

RECINTO MURADO

(1981)

MACHARNUDO

I

EL gozo y el dolor que la casa contuvo
continuarán en mí como herencia legítima.
Vivos por la nostalgia permanecen los seres,
la hermosura del sol poniente en los objetos.
Un día fue la muerte. Qué nuevo desamparo.
Él encendió las lámparas de cerrados salones
y hoy, confidente lúcido, su espíritu me habla.

Si supe la belleza que la casa escondía
fue porque yo pasaba de un mundo hacia otro mundo.

II

ANTES que apague el tiempo de tu rostro de niño
los ojos que pudieron incendiarse en la casa,

mira a sus habitantes y el alma de las cosas,
como aves alzándose sobre el final de un mundo.

Busca apoyo en lo eterno que lo efímero tiene.
Lo hermoso es el camino de la sabiduría.

NIÑO ANTE EL MAR INALCANZABLE

«Si miro al mar veo sólo mi presente inestable».
FERNANDO ORTIZ

SIEMPRE pienso en el mar: esa conciencia,
ese aire de infancia no vivida
en plenitud. El infinito pasa
ante los ojos ávidos de un niño.

Presentimiento era y se ha cumplido.
Llenos mis ojos de la lejanía
el mundo que contienen es hermoso.
He visto desde antiguo o he soñado.

Los amantes alumbran las orillas.
Ellos saben mirar y el mar los borra
antes que los recuerdos. Ya han pasado.
Ni un vestigio quedó sobre las aguas.

Hablo porque he sabido y anochece:
símbolo de deseos era el mar,
y él sigue allí y el aire que traía.

BAHÍA

MIRO en el mar los barcos por la tarde
dirigirse a los puertos. Los conozco,
los espero en el mío; mas se pierden
lentamente confusos en la niebla.

Otros vientos y naves aproximan
hacia la orilla sus siluetas. Cruzan.
Móviles luces son cuando la noche
vuelve gris e imprecisa la distancia.

El mar se llevó siempre los deseos.
La tierra es ese mundo adonde nunca
arribarán los barcos misteriosos
que he mirado pasar con el crepúsculo.

NARCISO

DETRÁS de los espejos
una vida clarísima se ofrece,
ilumina el deseo desde el fondo;
pero nadie rompió su transparencia.

Yo me obstino en mirarla.
Un impulso maligno me sostiene
delante de la imagen. ¿Qué figura
me observa desde allí penosamente?

La emoción en sus ojos me conmueve.
Respondo a la llamada
que me arrastra a su encuentro.
¿De dónde viene el frío de sus labios?

UN JOVEN DE MIRADA TRISTE
ME PIDE UNOS VERSOS

A Mos

Si supieses, tan joven, el poder que te asiste
maldad fuera la triste belleza de tus ojos,
la pesadumbre, humo; el amor intangible,
temblor vivo en tu pecho.
Pero lo sabrás tarde, y si una mano entonces
tienes para posar tu vida
o recorrer su palma con un dedo de niebla
serás feliz.
Si no, la sombra grave de los años agota
y el amor, que hoy te tiene,
será palabra extraña en los labios de otros.

PASOLINI

«Un ragazzo veniva...».
CESARE PAVESE

A Francisco Brines

VINO un día a la casa
aquel muchacho matinal
de sonrisa culpable y paso leve.
De su llamada tenue apenas eco
dejó en los aposentos solitarios,
sí un húmedo calor entre los libros
para rememorar. Mi casa es un crepúsculo.

Interrumpió mi sueño. Aquí no estaba
el suyo. Y de improviso
halló la sombra extraña de su búsqueda
en mis labios dorados por el fuego.
Era la soledad furiosamente.

No ha vuelto más. Su efigie
perduró en el jardín algunos meses.
Es penumbra, neblina entre los pájaros

que llegaron después
al discreto perfume de los árboles.

Pronto será el olvido, pero ahora
desdibujado vive en luz difusa.

He dejado las puertas entornadas.

EN LA CASA VACIA

CUANDO me encuentro solo y la casa resuena
como un templo vacío, oigo «Lucrezia Borgia»,
de Donizetti, bella duquesa de Ferrara
perversa y deseable como un adolescente.

Qué serena existencia en la casa perdida,
como el mar interior limitado en sus muros.
Me sostienen, muriendo, los libros y la música,
pero es susurro el aire preñado de secretos.

No me lamento. Vivo. Soy feliz de algún modo.
Las nubes de la vida pasan, tornan y pasan.
La soledad persiste, pero una voz me anuncia:
goie sogna, ed un angiol non ti desti che al piacer.

SUMISIÓN

Sabe el tigre la muerte y la respeta
porque alimenta su ancestral codicia.
Conoce el mar, la selva, y me ha mirado.

No lo conozco yo, pero lo intuyo
tras la cortina del salón. El brillo
de sus ojos, el roce de su piel,
su leve paso siento si se acerca.

No sabe que le espero prevenido
—conoce su defensa cada vida—,
ni en los días hermosos, ni en la luz
olvidaré el terror de su existencia.

Volverá, sé que un día volverá.
Las cicatrices hablan por mí desde este lado.

AMAR ES BIEN

TODA la soledad acumulada
en el mundo interior, como un estanque
de innumerables peces recorrido,
deja mucha ternura a mi cuidado.

Íntimos paraísos, resonancias
graves, incertidumbres me poblaron,
cuando mis ojos eran infinitos
fondos, donde tu ser permanecía.

Y llegué a ti desde el dolor de otros,
de una tierra insegura. Estoy aquí
de víctima admirada, aún no prevista
la claridad que del placer emerge.

Pero amar es un don. Me delimita
tu voz, en ti revivo. No me esperes

en otra noche que cumplida clama.
Amar es bien y en ese bien resisto.

RESPIRO FUGAZ

Qué quietud tan hermosa. Esos desfiles
de luminosos astros son ficticios,
fuegos que pasarán. No creo en ellos
más que en las otras cosas deseadas.

La llama vive alerta y el instante
feliz crece de golpe y se diluye.
Fulge la faz temida del peligro
o estalla deshaciéndose en su tránsito.

La bruma del placer deja un rocío
como señal de que vendrá de nuevo.

REMEMORACIÓN

CONMUEVE este silencio, maravilla
su mundo inasequible. En él apoyo
la viva soledad por un instante.
Soy yo quien reconoce, como amado,
tu aire tibio mezclándose en el humo.

Nunca llegaré a ti, pero estoy cerca
y tu poder me alcanza y me destruye.
El deseo se esfuma, y la pasión
no es como la sorpresa del encuentro.

Queda la sombra viva que tocaste.

LAS DULCES ATADURAS

La hostilidad
de la costumbre, el mundo
destructor
del destierro en compañía
discurren mansamente hasta su cima.
Luego, la luz se extingue
y la ternura
es una meta que alcanzar mañana.

Y no basta romper las dulces ataduras
y ver la oscuridad,
el inútil silencio, o alejarse
de la dicha imparable
que ha llenado la casa de experiencia.
Tú desciendes en vuelo
hasta el refugio mío. Yo no encuentro

esa paz interior, perenne hoguera.
Mi vida es vulnerable.

Un peligro inminente
tiende sus alas sobre nuestro predio.
Enemigos insomnes nos perturban
con seguro poder: son la indolencia,
la carcoma, la herrumbre...
                              Nos defiende
la solemne sorpresa de los ritos.

MUERTE EFÍMERA

EL olvido es la muerte, la tristeza
de saberse perdido en soledad,
frente al amado espejo al que se asoman
los otros intocables paraísos.

Cuando el amor termina otro se ofrenda,
luminoso y traslúcido. De nuevo,
roza mi mano un terciopelo efímero
y soy feliz. El tiempo me protege.

Hay que llorar a veces por los ríos
que no pasarán nunca del deseo.
En nuestra carne viven y en los ojos,
mas nunca en nuestra vida solitaria.

El tiempo hace morir bellos instantes,
aunque resta una gota, íntima y pura,
para resucitar. La muerte es el olvido.

BELLEZA DEL ECLIPSE

UNA vida en nosotros se sostiene
Como un agua fresquísima surgiendo,
tierno laúd o niebla que ha podido
Llenarnos los vacíos con su música.

Salimos al encuentro. Los deseos
cántico son por el placer futuro.
El temblor de una mano en la cintura
convoca el esplendor de la noche esperada.

Se evapora el murmullo de dos cuerpos
amándose. En un punto se transforma
la claridad en media luz apenas:
es la belleza turbia del eclipse.

EVOCACIÓN EN EL SALÓN AZUL

A Felipe Benítez Reyes

EL frío de la casa transparenta
años de decepción. Aquí hubo un fuego
y hoy habita la umbría mansedumbre.
El visitante pasa y no descubre
la tristeza que vive soterrada.
Yo adivino el calor del tiempo ido
en una voz, un pájaro anunciando.
El verano pasó para otra orilla.

Estos muros conocen otros rostros,
el fulgor de otras manos: nebulosas
inalcanzables los deseos antiguos.
Ellos son más la vida que yo mismo,
pues mi vida está en ellos. Una eterna
quietud para el olvido me rodea.
Esas voces selladas por la niebla
fueran humo y descuido entre las cosas

si no viviera yo para contarlo.
Por eso insisto allí, junto a la mar,
donde mis dedos arden, y mi boca
clama otra vez segura de encontrarte.

DESENCANTO

Es cierta la nostalgia. Las distantes
historias recobradas nunca extinguen
el deseo imposible de retorno.
La distancia jamás es suficiente,
el tiempo pasa, eternamente pasa.
La muerte se presenta a nuestros ojos
como absoluto olvido. Pero ¿dónde
los minutos intensos que esperaba,
como un hálito vivo, como un mundo
tenaz en no morir y sucederse?

No es posible vivir sin lamentarlo.

LAS TARDES

(1988)

EL MIEDO

TE evité por difíciles, insólitos caminos.
En mi intento llegué a países remotos
y a gente fantasmal que yo desconocía.
El vino fue una época poderosa en mi lucha,
pero te acostumbraste a su aroma atractivo
y bebías conmigo en mi casa y mi copa
y, borracho, crecía tu risa impertinente.
Consulté con los sabios —que no sabían nada—
y me recomendaron que no te hiciera caso,
pero tú me arañabas después de la consulta
hasta hacer imposible disimular tus huellas.
¿Qué te hice, maldito, para tan grande acoso?
¿En qué parte de mí, traidor, hallaste asilo?
¿Por qué no te conformas con tener mi respeto
y el pacto que me ofreces es tu vida o la mía?

PADRE MÍO

En un sueño dorado por la luz amarilla
que lo soñado tiene cuando vuelves al mundo,
estaba yo sentado en un lugar sombrío,
secretos enemigos rodeándome.
«¿Quién es éste que altivo con su actitud provoca?
¿Qué especial privilegio pretende entre nosotros?».
Y hacían burla de mí, niño inseguro,
con la crueldad terrible que los hombres poseen
con un ser indefenso.
Cuando todos reían y arreciaban las voces,
padre mío, te vi y corrí hacia tus brazos
abrumado de tanta soledad y tristeza.
Hubo un destello cómplice en tus ojos:
«Nada debes temer cuando yo esté contigo».
Y se hizo el silencio.
Como sombras de niebla se diluyeron todos.
Yo descansé en tu pecho, mientras tu mano tibia
me acariciaba el rostro arrasado de lágrimas.

CIUDAD

CUANDO un hombre maduro, con las primeras lluvias,
recorre esta ciudad que en otro tiempo viera
pasar su juventud, y reconoce en ella
–perfumada y astuta– sus eternos encantos,
puede reconciliarse con su visión hermosa.
Pero cuando comprende las sombras que en el alma
le dejó su belleza, por las húmedas calles
que abrillantan la pálida luz de las farolas
–y sin dejar de amarla porque ya no es posible–,
advertido y cansado retorna a su retiro.

ATARDECER

Yo quise de las tardes su decaer dorado
y su brisa marina en una copa de ámbar,
y ver, en la tranquila soledad de mi casa,
los últimos destellos de la luz en un libro.
No quise tardes tristes, pero lo son ahora.
Antes, tras el ocaso, la noche me invitaba
a aventuras triviales de final inocente
y llegaba un mañana distinto cada día.
Ahora, tras la noche, ¿qué me espera mañana?
¿qué noticia pudiera del sueño rescatarme
para otro sueño claro que viviera despierto?

INTERIOR

Un hombre solo en la penumbra sabe
de otro lugar mejor y venidero.
Más allá del olvido, más allá
del pesado silencio hay otros mundos.

La tristeza ha podido replegarme
para hacer mi interior más luminoso.
Si pudiera volver a lo que fuera
con otros ojos y otra paz internos.

Pero sombras intensas me circundan:
la nostalgia, la angustia. Un recio muro
que habré de derribar si no deseo
que con su fortaleza me aprisione.

RECITATIVO

ME dolía el silencio, pero callé. Las tardes
con sus aves oscuras y su luz imprecisa
empañaban mi alma. En una en que no pude
acumular más sombras, con mi voz solitaria,
pues conozco sus nombres, convoqué a mis demonios.
Llegaron enseguida. Estaban a mi lado.

DESTRUCCION

La vida tengo para herir. No quiero
usar ese poder que no pedí
y ser como tormenta destructora
en su propia belleza deshaciéndose.

Me aterra saber esto y tengo miedo
de huir de mí y arder en fuego inútil.
Sé que habré de morir, pero si sufro
más es de soledad que por la muerte.

Herido de unas manos invisibles,
confundido en la noche, espero el alba;
pero el amanecer es sólo el paso
hacia otra oscuridad aún más intensa.

PEREGRINACIÓN A ALCOBAÇA

ERA. ya tarde, mas tuvimos tiempo
de llegar a las tumbas de los reyes
por la nave central casi desnuda.
Ante aquellos espléndidos sepulcros
te conté las historias: la romántica,
de amores desdichados; la real,
de soberbia y de turbias ambiciones.

La verdad poco importa. De las dos,
siempre prevaleció la más hermosa.
Justifica el amor los actos viles.
Besé el mármol de Inés y, anochecido,
camino de Batalha, fui diciendo
Doña Constanza salió
de España para Coimbra…
un romance que tú no conocías.

TORMENTA SOBRE TOMAR

EL extranjero rubio que tocaba
la flauta en el Gran Claustro de Tomar,
donde nos refugiamos de la lluvia,
sonrió gentilmente a los aplausos.
Espectadores únicos nosotros
de un concierto de alada melodía.
En el papel pautado del atril,
música antigua inglesa; en el convento,
el son acompasado de las aguas
sobre la soledad de los sepulcros.
¿Por qué acabó tan pronto la tormenta
y descubrió los cielos de Tomar
en el octubre cálido de entonces?

TARDE EN VILA VIÇOSA

Por no salir de Portugal, pasamos
nuestra última tarde en un palacio
reconstruido para la nostalgia.
Los salones, los muebles de los príncipes,
los amplios ventanales sobre el bosque
bajo una lluvia leve fueron nuestros.
¿Qué manos blancas o qué labios breves
rozaron el cristal de aquellas copas?
Cuántas noches de amor, cuánta tragedia
cuánto esplendor pasado y vida expuestos
a la mirada de cualquier turista.

LOS VIAJEROS

No cerraré las puertas a ningún visitante
que venga de muy lejos y me cuente su historia.
Velaré por que ocurra y, aunque mucho lo espere,
un día llegarán los soñados viajeros.

Primero, don Quijote, porque es de mi linaje
y me enseñó a morir, y los seres fantásticos
de mis libros amados, los sabios y los músicos
que iluminaron horas de mis días sombríos.

Los demás no me importan, entorpecen mi vida
que elegí retirada por amor a los otros.
Los demás que no llamen y que pasen de largo:
sólo hay sitio en mi casa para la eternidad.

TRANSPARENCIA INDEBIDA

¿Qué quisiste buscar, oh joven puro,
publicando estos versos?
¿Qué absurda vanidad
te llevó entonces,
oh joven orgulloso,
a exponer tus deseos en renglones violáceos
a la mirada ajena,
a pasar indefenso esa extraña aventura,
si tu destino era ser feliz
sin que la vida apenas te rozara?

A JOSÉ MATEOS, TAN DELICADO

No era tuya la noche: tu destino era un valle
de poblada hermosura
donde mostrar, ajeno de los males del mundo,
tu alegre lozanía;
pero tú la buscabas en los libros de otros,
en el amor huidizo
y, fatalmente, en ese
paraíso falaz de la poesía.
Y tú, tan delicado, tan frágil, indagando
secretos que la vida no perdona
en lugar de vivir –frívolo e ignorante–
los años que te quedan de juventud,
esos días perdidos
en torvos pensamientos desdeñando la dicha.

MADAME

Cuánto admiro, *madame*, vuestras perlas riquísimas,
vuestros galgos afganos, los extensos jardines
rodeando el palacio amarillo de Garnier.
Cuánto os admiro a vos, *madame*, serenamente
bajándoos del *sedán* con la pamela malva,
o en vuestro palco a oscuras, la blanca mano al borde
con una sola piedra de rara perfección.
Oh, *madame*, cómo haría para ser recibido
por vos y departir con vuestro joven vástago
que ha vuelto de Inglaterra espigado y listísimo.

LA INMORTALIDAD

Si yo te hubiera amado como me amo a mí mismo,
ni mares, ni tormentas, ni montañas posibles
se habrían resistido a mi voz imperiosa
y la inmortalidad hubiera sido el premio.
Pero, querido mío, se me negó la gracia
de vencer a la muerte con tan alto destino.

LOS AMANTES

Los amantes no saben de la luz
que ilumina sus vidas, ni del aire
húmedo del océano protegiéndolos.
Pasan aves nocturnas y ellos piensan
en fuertes enemigos acechando.
Huyen hacia la noche y, escondidos,
más parecen morir que amarse a solas.

Pero nunca en el Sur, donde el deseo
es un clamor vivido, donde hay dioses
propicios al amor y ángeles fieles
guardianes del placer y la alegría,
donde hay un fuego antiguo renovado
en los pechos y existe la belleza
cotidiana de un mundo luminoso.

Los cuerpos que se aman no conocen
la espesura del bosque hasta más tarde.

EL PUERTO

SOBRE los barcos surtos en la noche,
las luces amarillas. La bocana
envuelta en densa niebla y desde el mar
el aire frío de la madrugada.

Huir, ¿a dónde?, si lo oscuro oculta
los vastos horizontes en la nada
y es vacilante el mar y es insegura
la nave misteriosa que me aguarda.

Así clavado estoy en este puerto,
aterido y confuso, sombra vaga
con miedo a partir, aunque a lo lejos
asome la engañosa luz del alba.

LAS TARDES

RESCATO de las sombras del olvido
las más hermosas tardes de mi infancia:
era la luz distinta cada día
en las habitaciones de la casa.

En mi interior, una tristeza dulce
que no he abandonado; la mirada,
por las pardas colinas del ocaso,
monstruos dormidos en la lontananza.

Mi fantasía o mi dolor de entonces,
que son hoy, más maduros, los que hablan,
supieron que las tardes dejarían
sombras crueles tras belleza tanta.

LUGAR PROPIO

PARA huir de la vida verdadera,
del mundo gris que me salió al camino,
inventé otra existencia, y ahora esclavo
de mi invención en soledad escribo.

En soledad habito, paso solo
el tiempo que yo quise compartido
y he descubierto que la nueva vida
es tan verdad como verdad yo mismo.

Ya es falso el mundo gris que me aguardaba
y el verdadero es éste en el que vivo,
y si no soy feliz, tengo ganado
un lugar propio para mi infortunio.

EL REGRESO

(2002)

[ME DICEN QUE NO ESCRIBO VERSOS...]

ME dicen que no escribo versos. Creen
que abandonado por la Poesía
en las noches estériles persigo
un fantasma que es una sombra mía.

¿Quién se atreve al dolor de hablar con alguien
si es uno mismo, tras la luna fría
de un espejo pulido al que se asoma
la imagen fiel de la melancolía?

Toda la soledad de la existencia
con los versos entró en mi casa un día.
Siempre que pude le cerré las puertas
a una visita que me malhería.

DECÍA MI PADRE

Este niño, tan triste, que se pasa los días
en silencio mirando el mar al sol poniente.
¿qué piensa, solitario, mientras van sus hermanos
—risas entre los pámpanos— a sus juegos y burlas?

Este niño si ahora la soledad conoce
y tiene esa mirada para los que lo quieren,
¿qué hará cuando esté solo, de verdad, y sin nadie
a quien pidan auxilio sus infantiles ojos?

Este niño que ha visto la vida tan temprano
—mi dolor y mi gloria—, que se aísla en los atlas
y hace listas inútiles de ciudades remotas
o árboles genealógicos de dioses y de reyes;

¿cuál será su destino, mujer, si piensa ajeno
el mundo nuestro y mira como a seres extraños

a los que somos suyos, y causa pesadumbre,
y pretende encontrar su origen en los libros?

UN JUEGO PELIGROSO

PARA curarme de melancolía
escribí versos: no sirvió de nada.
Quien sufre de nostalgia se acomoda
a convivir con ella y no la vence
aunque mienta inventándose la vida.

Perdí la juventud por desdeñoso,
despilfarré mi paz para ser sabio
y malgasté mi ingenio en lides vanas.
Mas nada conseguí, sólo el espejo
que guarda y que sostiene mi demonio.

Me lo acerca cruel de madrugada.
Me despierta de un sueño en el que un niño
ríe en su eternidad despreocupado.
«Mira, pues me llamaste, hasta qué extremos
de soledades te llevó tu orgullo».

LAS CIGÜEÑAS

AHORA que van las aves
de vuelta y es otoño
vuelve a mí aquel muchacho
que las miraba absorto.

Irán en alto vuelo
por países remotos,
lentas. El niño mira
silente y melancólico.

—¿Podré ir por el cielo
y sobre el mar? Hay otros
paisajes, otros verdores,
otros mares hermosos.

—Podrás. Pero el viaje
tendrás que hacerlo solo.

Cuando vuelvan las aves
tú no tendrás retorno.

LA CASA

UNA dulce penumbra, un fino aroma
queda en la casa desde que te fuiste.
Si tu presencia existe en los recuerdos
antes que la diluya otro perfume,
lo sabré cuando el tiempo me consuele.
¡Qué soledad cuando la luz apago!

Dijiste adiós como si fuera tarde.
—¿Cierro la puerta? —Sí, ciérrala, dije,
para que aires intrusos no destruyan
el suave calor que me has dejado
y que los dos sabemos en secreto.
¡Qué extraño es el silencio de la ausencia!

—Ya nos veremos. —Sí, ya nos veremos.
Aquí me encontrarás, en la penumbra,
confundido en las luces de la tarde.

Mañana de tu voz quedará un eco.
Falta menos para morir, si muerte
no es oír el silencio de la casa.

CIUDAD HOSTIL

Vivir esta ciudad como el que vive
lejos de aquí, en un lugar cualquiera.
Verla con el cansancio del viajero,
con la distancia de quien va de paso.
No amarla demasiado. El amor tiene
duras cadenas para los amantes.
Estar en ella sin pensar que existe,
como en ciudad soñada. Y en secreto.
Mirarla sin desdén y sin dolor
y decir para adentro que no importa:
—Amé la soledad. Ardí en un sueño acaso.

LAS ISLAS SOÑADAS

Al mar desconocido que veía en los mapas
huí en un barco alegre un luminoso día.
Pero en la misma nave venían mis demonios.
Nunca encontré las islas del sosiego anhelado,
ni el filtro del amor, ni las mágicas fuentes
que dan la eternidad a quien bebe de ellas.

En medio de tormentas, de nieblas y de extraños,
la tierra que dejé fue entonces paraíso.
Añoré los castaños dorados del otoño,
el verdor de las viñas de abril, los esplendores
de mayo, el sol y los silencios del verano.

Islas de Barlovento que miré con desgana,
en un viaje de ida sin derrota de vuelta.
Mis demonios hacían el equipaje pronto
para huir a otras islas, para huir a otros mares,
y lamentar a solas haber partido un día.

RECRIMINACIÓN A MÍ MISMO

ERAS joven. Creíste
poder cambiar el mundo y a los hombres
y en altos pensamientos se te agotó la vida.
Y, si escribiste versos
como un empeño noble,
pecaste de soberbia creyéndote más sabio.

Pero, si ya conoces
el resultado de tu desatino,
acepta el desengaño,
aplícale los versos a tu vida,
que no cambió sino a mayor tiniebla
por el atrevimiento
de pisar el terreno de los dioses.

EL CONFIDENTE

PARECÍA más fuerte
que yo. Siempre brillante y divertido,
seguro de su voz y de sus pasos,
siempre el amigo protector,
el confidente atento.

Las vidas de los otros nos parecen
maravillosos libros de aventuras
que nunca serán nuestras.
Hasta que en el silencio de una noche,
de vuelta de un viaje,
llegaron sus sollozos desde el cuarto contiguo.

NOCHE OSCURA

No bastan los recuerdos. La memoria
mantiene clara lo que fue la vida,
la juventud, los sueños. Y parece
que con la voluntad volveríamos a entonces.

La niebla está delante, más espesa.
La claridad, detrás, y la mirada,
pues no cabe esperar en el futuro
luces nuevas brillantes como las del pasado.

El tiempo se nos fue como una fiesta.
Era noche cerrada al despedirnos
en el jardín y el alba prometía,
más nunca tuvo aurora aquella noche última.

UN ADIÓS

Al primer vendaval irán las hojas
de mis ramas al aire, irán al frío,
y, al adiós del ocaso, lentamente
se perderán doradas en la noche.
Dorada fue también la juventud,
tan frágil y fugaz que un aura apenas
la disolvió en las sombras alejadas
como última luz de una tarde que expira.

Al primer vendaval no habrá cobijo
ni habrá nuevo verdor en primavera.
Tronco sólo memoria del pasado,
ramas sin porvenir solas al viento.
Dorada fue la vida muchos días
pero pasaron pronto, como huyen
las bandadas de aves que anuncian la tormenta.

EL PARAÍSO

EL paraíso existe pues en él estuvimos
y de él escapamos hacia una noche oscura,
y al querer regresar del fondo de la noche
la señal del sendero la había borrado el frío.

Vagamos extraviados, pero pensando siempre
que un día encontraríamos el camino de vuelta.
Perdido el vano sueño de volver, ya dudamos
si el resto de la vida merecerá un recuerdo.

La memoria nos hace sufrir, nos hace débiles,
nos tiene prisioneros en un mundo de brumas.
¿Existió el paraíso o fue el sueño de un sueño,
una memoria vaga perdida en la memoria?

EL REGRESO

HE regresado al campo de mi infancia
y lo encontré vacío. Fui a otro tiempo
del que sólo encontré la tierra húmeda
y el perfume que el aire me traía.
Declinaba ya el sol y una luz cárdena
parecía la misma en otras nubes.

Nadie estaba esperándome en la casa.
Con la voz interior del pecho herido
he llamado a una puerta de silencio,
y esperé que otra voz me respondiera
desde el fondo del tiempo y del olvido
al amor que no dije cuando pude.

Están ahí, siento sus voces, oigo
rumores de la vida que he perdido
sin percatarme apenas. Ahora es tarde.

Ellos están ahí y hablan de un tiempo
al que no tengo entrada y que fue mío.
Llamo y golpeo el aldabón de un sueño.

Regreso de la muerte y ellos viven
en el tiempo real de la memoria.

LA LAGUNA ESTIGIA

Un sueño tuve que me puso triste.
Salían unas sombras a mi encuentro.
—¿De dónde vienes? –preguntaban–. ¿Cómo
puedo saber de dónde vengo en sueños?

Vi otra sombra. —Yo sé de dónde vienes,
de otro sueño al que no tendrás regreso.
—¿Y a dónde voy? –le dije–. Nadie sabe
adónde ir perdido por los sueños.

LOS VISITANTES

LLEGAN los visitantes como huéspedes.
Se aposentan en sitios ocupados
para robar afectos. Cuando dejan
las cenizas del mundo que destruyen,
se van sin un adiós y nunca vuelven.
Va con ellos la dicha, va con ellos
el botín de las almas de la casa.
Ya nada hay que robar. El rencor queda,
quedan dolor callado y tristes horas,
mas nadie roba bienes de la Muerte.

VIDA RETIRADA

NADA tengo para vosotros, nada.
¿Estos versos, quizá? No son ya míos
y no se puede dar lo que no es propio.
Qué son los versos sino la manera
de engañarnos a solas, de decirnos
que fuimos inmortales como dioses
en un reino guardado en la memoria.

No quise escribir versos porque oigo
en cada uno el nombre de una lágrima,
el nombre de una pérdida, el sonido
de una voz que deseo, como un eco
que juega con nosotros y responde
desde lejos, desde el lugar contrario
donde estuve seguro de encontrarla.

Pero una tarde me dejaron solo
con el dolor oscuro de una herida
que no podía restañar. No estaba
visible en parte alguna de mi carne,
pero sé donde están las cicatrices:
en estos versos sin deseo escritos
en suaves palabras que no curan.

DESPEDIDA

Cuando pase los límites del mar envenenado
que irremediablemente conduce a la locura,
podré decir que he visto las estrellas más altas,
los más bellos crepúsculos, las noches más oscuras.
Cuando pase los límites, no me quedarán lágrimas
porque todo lo habré perdido a esas alturas.
Si vivir es perder, y he perdido la vida
moldeando estos versos, ¡qué pérdida absoluta!
Si hubiera dedicado a vivir mis esfuerzos,
qué eternidad tan clara, qué altísima aventura.

Lo sentía llegar como nube en el pecho,
como frío posándose en mi espalda desnuda.
No supe que era el miedo hasta mucho más tarde
y que escapar de él era huir de mí mismo.

Por estrechas veredas, solitarias y umbrías
pasó mi desamparo y me miró la Muerte.
Pero voy cabalgando veloz a Samarcanda
donde hallaré la paz, para siempre, conmigo.

CONTRA EL JÚBILO

(2024)

UNA NOCHE

HUYAMOS del amor, aunque esté lejos,
aunque, como es probable, nunca vuelva
con sus ardides para hacernos débiles,
a merced de un tramposo sentimiento
que dice consolarnos en la vida
y nos hace vivir para matarnos.
Viene cargado de promesas vanas
y recorre triunfal todas las artes.
Se va. Deja el dolor y no el remedio
de reparar un corazón dañado.

EN EL CAMPO

DE muchacho quería vivir solo
y libre en un lugar lleno de libros.
Los deseos se cumplen y el destino
cuanto más generoso más castiga.
Embellecí con soledad la casa
y ennoblecí con libros las paredes.
De visita el amor llegaba a veces,
dejaba las heridas del adiós
y el tiempo las curaba. Ya no hay tiempo.
Hay heridas que no tienen más gloria
que una bella derrota en la batalla.

UN CONSUELO LEVE

ESCRIBIR hace daño.
Hay otras artes que conocen trucos,
pero escribir palabras
es un dolor a solas
buscando la verdad y la belleza.
Sólo consuela un poco
que en medio del bullicio
es elegante la melancolía.

UN TEMOR ÚNICO

Si los recuerdos nos sobrevivieran,
no importaría morir. Importaría
el injusto destino del olvido.
La verdadera vida es la memoria.

El día que nadie vivo nos recuerde
ni seamos recuerdos de recuerdos,
algo habremos dejado en otros seres
y lo conservarán en la memoria.

Aun sin saberlo heredarán un mundo
de pérdidas, sombríos pensamientos
y algún amor; pero también las luces
encendidas pensadas para ellos.

LAS VIÑAS

HEMOS vivido por azar un tiempo único
compartido sólo en apariencia.
La soledad de la mirada
no nos hace débiles sino vulnerables,
frágiles ante lo irrepetible.

Nadie oyó igual el canto de los pájaros
ni el ulular de las chimeneas.
Nadie vio la primera golondrina
seguida de la flor de los almendros,
ni vio del mismo modo los crepúsculos
y cada tarde su belleza nueva,
ni paisajes lejanos con verdores
distintos cada día y cada hora.
Y nadie sintió igual los besos
y los abrazos cuando éramos niños

como juguetes vivos.
Nadie como nosotros, seres solos sin saberlo.

Y tanta verdad vivida y viva
¿ha de quedar en polvo y nada?

UN TIMBRE DE VOZ

Si de mí se alejara la tristeza
durante pocas horas cada día,
la voz de los fantasmas del pasado
seguiría a mi lado y en silencio.
Si la conozco desde niño a solas,
de hermoso adolescente pensativo
y fue en la juventud mi compañía,
¿cómo romper un vínculo tan fuerte,
un amor tan antiguo como mío?

LA CASA

HE vivido en algunas casas grandes
con portones abiertos al oeste,
habitadas por gente que entra y sale,
voces de lejos y crujir de muebles,
cielos y vientos distintos cada día,
ladridos y humaredas azuladas.
Hubo desdichas, pero no peores
que las que visitaron otras casas.
Casi sin notarlo llegó el silencio,
pero no para mí: crujen los muebles,
oigo mejor que nunca los ladridos,
los cielos y los vientos son los mismos
y distingo las voces de los muertos.

LA ETERNIDAD DESEABLE

HARÍAN falta tres vidas
para enmendar los errores:
una para cometerlos
y otra para corregirlos.
Para vivir, la tercera.

La última no sabemos
en que podrá consistir:
¿el retorno a la inocencia?,
¿otra vez el edén mítico?,
¿un eterno aburrimiento?

Temo que sin adversarios,
sin guerras devastadoras,
sin dolor y sin pérdidas,
sin un amor, aunque breve,
no sería en verdad vida.

ELOGIO DE LA RUTINA

SALIR de casa es como un tiempo muerto,
un atajo para la soledad.
La mayor parte de mis conocidos
son más felices cortando camino
hasta ver el callejón sin salida
y tener que volver de lo olvidable
para tomar otros atajos nuevos.
El espíritu aventurero falla,
la insatisfacción lo deshace pronto,
mientras que la rutina da el sosiego
de ver pasar los días como siempre
hacia una eternidad desconocida.

LOS DÍAS DISTINTOS

HAY una vida humana no exigente:
todos los días iguales y distintos
disfrutamos del alma de las horas.
La rutina no es la monotonía
ni el mal de pobres del aburrimiento.
Leemos a diario, no lo mismo,
oímos luego música infrecuente,
después tomar el sol, dar un paseo
y, ya al atardecer, una visita,
una conversación inteligente,
quizá una confesión entre dos luces.
Antes de ir a dormir, una película
donde aparezcan muertos inmortales.

Tal vez este poema sea un atajo
pero es la salvación particular.

EL MIRLO

A Carmen Gallegos

CADA día al alba me canta un mirlo
siempre a la misma hora y desde el mismo sitio.
Antes su canto era mi despertar
pero se duerme menos con los años.
Supe pronto el regalo de su canto:
por escarbar la tierra y esparcirla alrededor,
mi tolerancia cuando rompe plantas,
por entrar en la casa
y no saber salir sin mi concurso.
Quería hacer amistades con el mirlo
pero los pájaros nos temen.

Un día muy caluroso
lo veo en un rincón de sombra
andando con torpeza
y con el pico y las alas abiertos.
Moriría sin mí y le acerqué agua.

Regué el suelo y bebió
se revolcó en el agua y se la sacudió.
Me acerqué pensando:
«Es el momento para hacerlo mi amigo»,
pero salió volando.
«Pobre mirlo», pensé, casi se muere.
Enseguida caí en que yo era el pobre
por haber fracasado en la conquista.

Sigue cada mañana, agradecido,
regalándome su canto.

SALMO

El amor es mi dolor,
todo me falta:
por senderos umbríos me conduce;

me lleva a ríos turbulentos
y me agota las fuerzas;
me guía por veredas erradas
por invocar su nombre.

Aunque vaya por sendas luminosas
siempre temo, porque está cerca,
tu vara y tu cayado me maltratan.

Me haces pasar hambre y sed
para alegría de los envidiosos,
me golpeas la cabeza
y derramas mi copa.

Tu maldad, amor, y tu destemplanza
me acompañan todos los días,
y habitaré en la casa del dolor
por años sin término.

MUCHACHOS

(2025)

SECRETO

AMÉ a algunos muchachos con el alma
cuando yo era un muchacho como ellos
sin atreverme a confesarlo nunca.
El amor verdadero, su pureza,
se hace vulgar si median las palabras.
Elegí la amistad, la cercanía,
el estar juntos sin sospecha alguna,
hablar en los paseos de la tarde,
una mano en el hombro. Eso fue todo,
mucho para quien ama y no lo dice.
No me arrepiento del secreto. Pude
tener al lado la belleza viva
y el que me amaran de distinta forma.
Fui feliz por momentos y eso basta.

EN *LA MODERNA*

El mismo bar en años cada tarde,
misma mesa y amigos. Tú pasabas
con una camiseta de tirantas
distinta cada vez y muy ceñida.
Con el tiempo llegaste a sonreírme.

Una tarde templada, en primavera,
decidí preguntarte si tenías
las nuevas camisetas del verano.
No pasaste aquel día ni al siguiente,
y nunca más pasaste en el futuro.

EL BAÑO DEL CABALLO

Sorolla

CREÓ en la Malvarrosa el paraíso
de los muchachos libres.
Un sombrero de paja hace anónimo
al que sale del agua
desnudo tras bañar a su caballo.
¡Cuánta inmortalidad en quien no vive!
¡Cuánta esbeltez y luz para mostrarla!
¡Oh, tiempo fugitivo, menos para el *sorolla*
del baño del caballo!
Hoy sólo vive de verdad el cuadro
de un mundo luminoso
en vida más oscura.

GONÇALO

Verano de 2023

LLEGÓ de Portugal para un verano
vestido de vampiro y la tez pálida,
ropa negra y amuletos exóticos.
Me ayudó con mis libros y me dijo
que mi compañía le era agradable.
Pero yo soy un anciano y él tiene
la edad de los amados de los dioses.

Pronto se irá. No lo volveré a ver
y seré como un dios: lo haré inmortal
y en mi mente tendrá los mismos años,
la misma juventud de esta mañana.

ÍNDICE

RECINTO MURADO (1981)

LAS TARDES (1988)

Los demonios de la melancolía,
antología poética de
FRANCISCO BEJARANO,
terminó de imprimirse
el 22 de agosto de
2 0 2 5